BEI GRIN MACHT SICH IHR WISSEN BEZAHLT

- Wir veröffentlichen Ihre Hausarbeit,
  Bachelor- und Masterarbeit

- Ihr eigenes eBook und Buch -
  weltweit in allen wichtigen Shops

- Verdienen Sie an jedem Verkauf

Jetzt bei www.GRIN.com hochladen und kostenlos publizieren

Anonym

Mindmaps Syntax (Neuhochdeutsch)

Examensvorbereitung (Erstes Staatsexamen)

GRIN Verlag

Bibliografische Information der Deutschen Nationalbibliothek:

Die Deutsche Bibliothek verzeichnet diese Publikation in der Deutschen National-
bibliografie; detaillierte bibliografische Daten sind im Internet über http://dnb.d-
nb.de/ abrufbar.

Impressum:

Copyright © 2012 GRIN Verlag GmbH
Druck und Bindung: Books on Demand GmbH, Norderstedt Germany
ISBN: 978-3-656-71270-1

Dieses Buch bei GRIN:

http://www.grin.com/de/e-book/277743/mindmaps-syntax-neuhochdeutsch

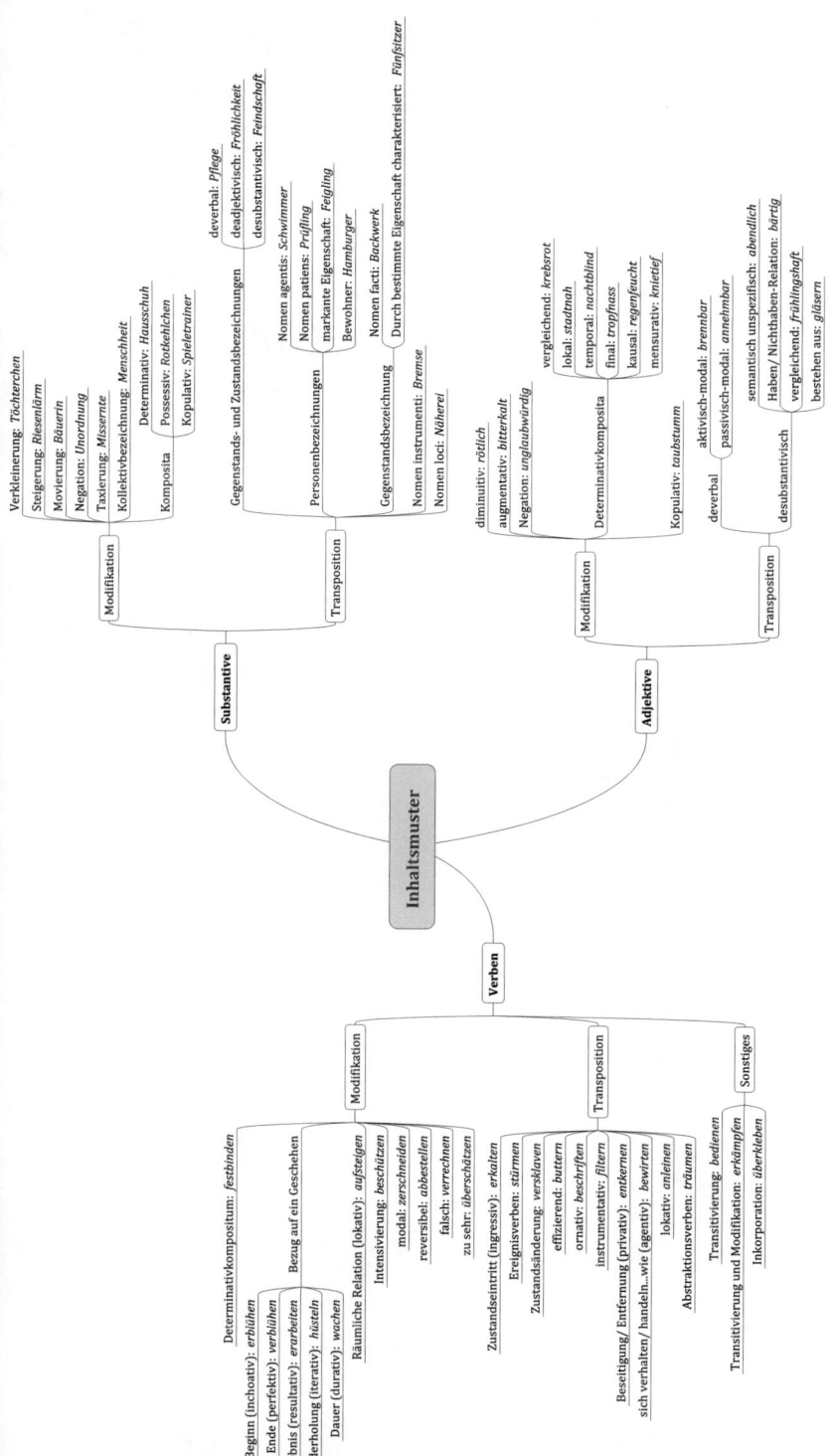

Inhaltsmuster Wortbildung.mmap - 16.02.2012 -

Begriffserklärungen
Modifikation: Semantische Differenzierung eines Basismorphems meist durch Präfixe unter Beibehaltung der ursprünglichen Wortart (*lesen - vorlesen*)
Transposition: Semantische Differenzierung eines Basismorphems meist verbunden mit einem Wortartenwechsel (*Stadt - Städter, aber auch Stadt - städtisch*)

Inhaltsmuster

Substantive

Modifikation
- Verkleinerung: *Töchterchen*
- Steigerung: *Riesenlärm*
- Movierung: *Bäuerin*
- Negation: *Unordnung*
- Taxierung: *Missernte*
- Kollektivbezeichnung: *Menschheit*
- Komposita
  - Determinativ: *Hausschuh*
  - Possessiv: *Rotkehlchen*
  - Kopulativ: *Spielertrainer*

Transposition
- Gegenstands- und Zustandsbezeichnungen
  - deverbal: *Pflege*
  - deadjektivisch: *Fröhlichkeit*
  - desubstantivisch: *Feindschaft*
- Personenbezeichnungen
  - Nomen agentis: *Schwimmer*
  - Nomen patiens: *Prüfling*
  - markante Eigenschaft: *Feigling*
  - Bewohner: *Hamburger*
- Gegenstandsbezeichnung
  - Nomen facti: *Backwerk*
  - Durch bestimmte Eigenschaft charakterisiert: *Fünfsitzer*
  - Nomen instrumenti: *Bremse*
  - Nomen loci: *Näherei*

Adjektive

Modifikation
- diminutiv: *rötlich*
- augmentativ: *bitterkalt*
- Negation: *unglaubwürdig*
- Determinativkomposita
  - vergleichend: *krebsrot*
  - lokal: *stadtnah*
  - temporal: *nachtblind*
  - final: *tropfnass*
  - kausal: *regenfeucht*
  - mensurativ: *knietief*
- Kopulativ: *taubstumm*

Transposition
- deverbal
  - aktivisch-modal: *brennbar*
  - passivisch-modal: *annehmbar*
- desubstantivisch
  - semantisch unspezifisch: *abendlich*
  - Haben-/Nichthaben-Relation: *bärtig*
  - vergleichend: *frühlingshaft*
  - bestehen aus: *gläsern*

Verben

Modifikation
- Determinativkompositum: *festbinden*
- Beginn (inchoativ): *erblühen*
- Ende (perfektiv): *verblühen*
- Ergebnis (resultativ): *erarbeiten*
- Wiederholung (iterativ): *hüsteln*
- Dauer (durativ): *wachen*
- Bezug auf ein Geschehen
- Räumliche Relation (lokativ): *aufsteigen*
- Intensivierung: *beschützen*
  - modal: *zerschneiden*
  - reversibel: *abbestellen*
  - falsch: *verrechnen*
  - zu sehr: *überschätzen*

Transposition
- Zustandseintritt (ingressiv): *erkalten*
- Ereignisverben: *stürmen*
- Zustandsänderung: *versklaven*
  - effizierend: *buttern*
  - ornativ: *beschriften*
- instrumentativ: *filtern*
- Beseitigung/ Entfernung (privativ): *entkernen*
- sich verhalten/ handeln...wie (agentiv): *bewirten*
- lokativ: *anleinen*
- Abstraktionsverben: *träumen*

Sonstiges
- Transitivierung: *bedienen*
- Transitivierung und Modifikation: *erkämpfen*
- Inkorporation: *überkleben*

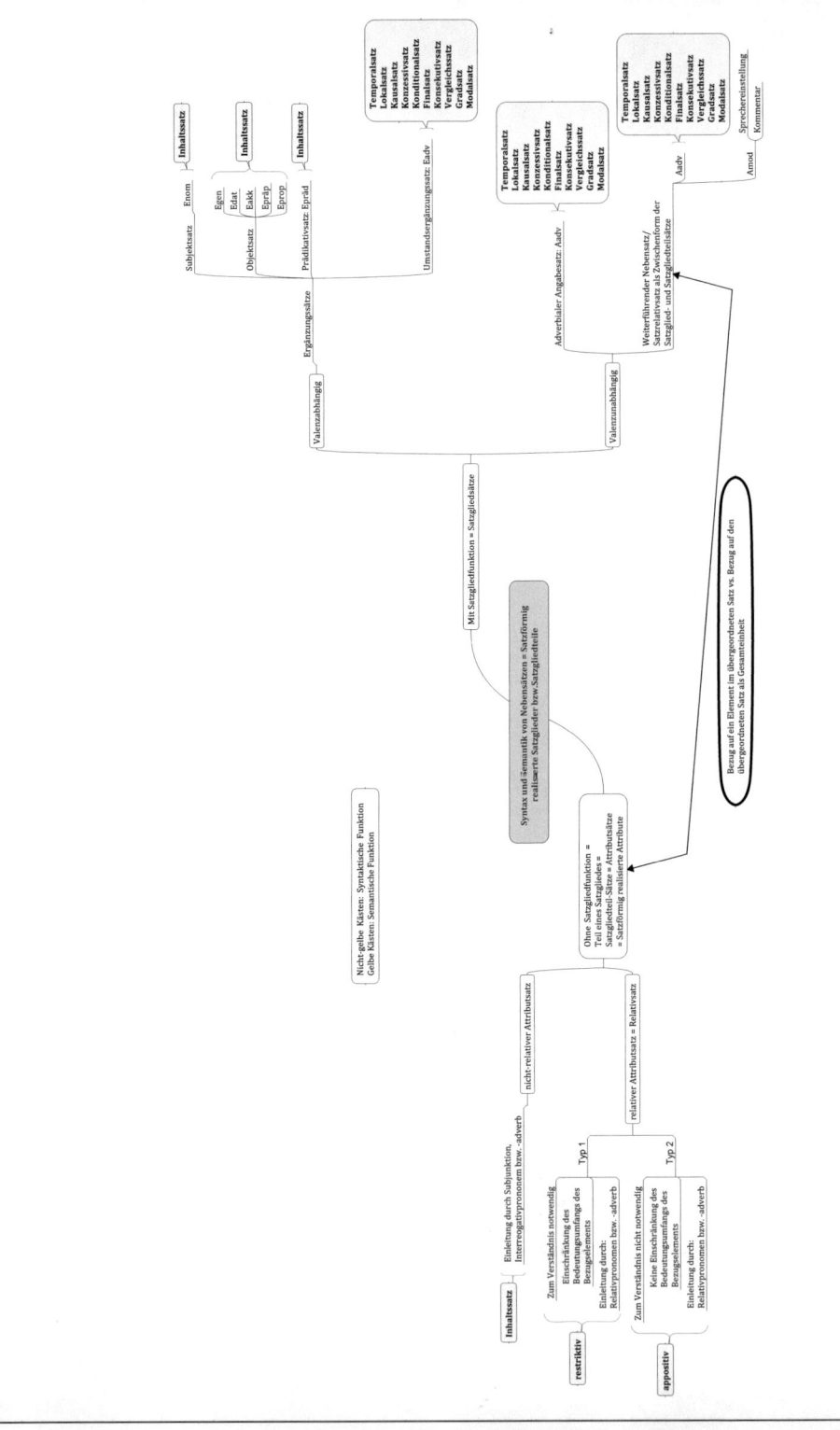

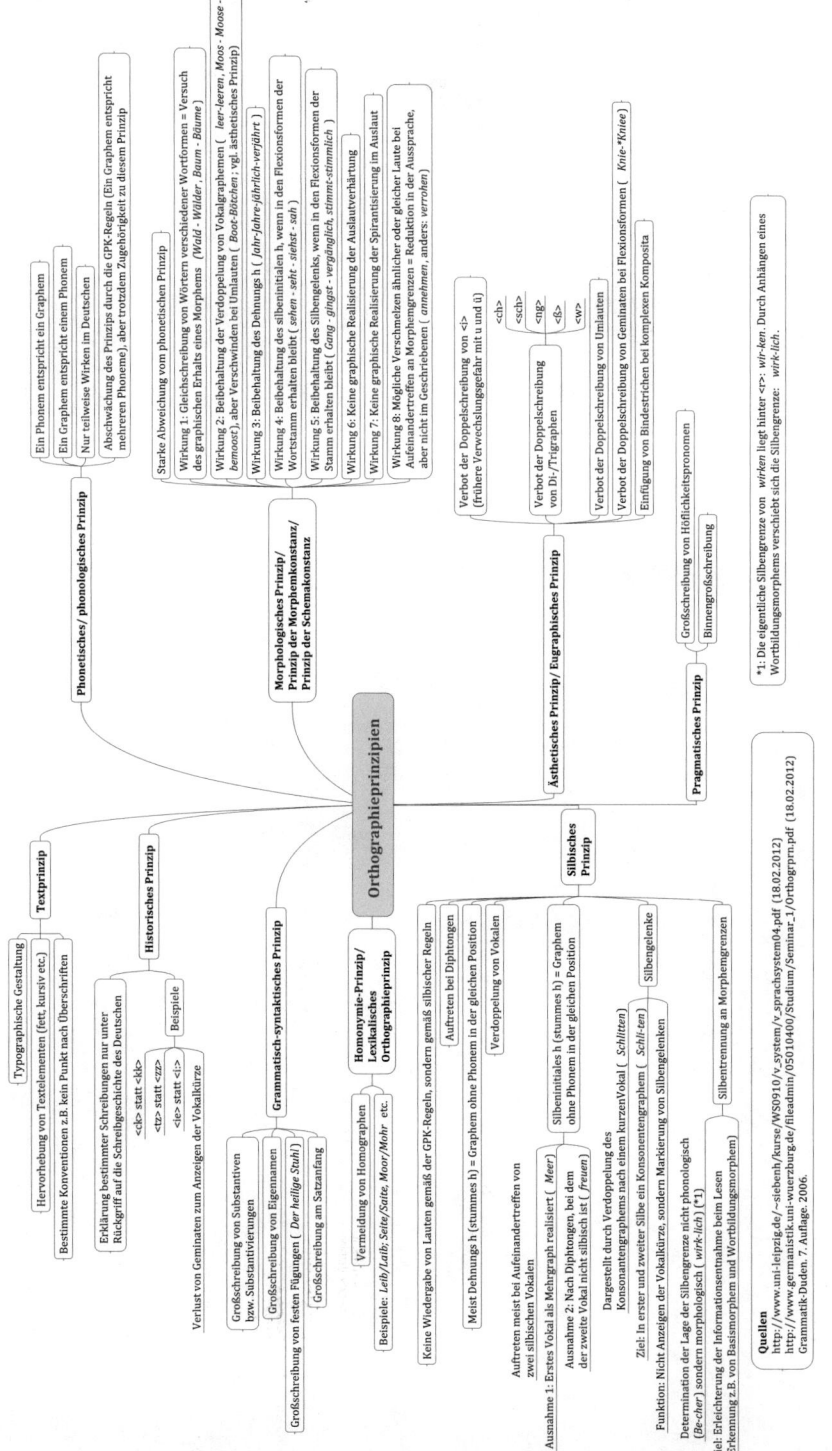

Orthographieprinzipien.mmap - 18.02.2012 -

Orthographieprinzipien

Textprinzip
- Typographische Gestaltung
  - Hervorhebung von Textelementen (fett, kursiv etc.)
- Bestimmte Konventionen z.B. kein Punkt nach Überschriften

Historisches Prinzip
- Erklärung bestimmter Schreibungen nur unter Rückgriff auf die Schreibgeschichte des Deutschen
- Beispiele
  - <ck> statt <kk>
  - <tz> statt <zz>
  - <ie> statt <i:>
- Verlust von Geminaten zum Anzeigen der Vokalkürze

Grammatisch-syntaktisches Prinzip
- Großschreibung von Substantiven bzw. Substantivierungen
- Großschreibung von Eigennamen
- Großschreibung von festen Fügungen (*Der heilige Stuhl*)
- Großschreibung am Satzanfang

Homonymie-Prinzip / Lexikalisches Orthographieprinzip
- Vermeidung von Homographen
- Beispiele: *Leib/Laib; Seite/Saite, Moor/Mohr* etc.

Silbisches Prinzip
- Keine Wiedergabe von Lauten gemäß der GPK-Regeln, sondern gemäß silbischer Regeln
  - Auftreten bei Diphtongen
  - Verdoppelung von Vokalen
  - Meist Dehnungs h (stummes h) = Graphem ohne Phonem in der gleichen Position
  - Silbeninitiales h (stummes h) = Graphem ohne Phonem in der gleichen Position (*Schlitten*)
  - Dargestellt durch Verdoppelung des Konsonantengraphems nach einem kurzen Vokal (*Schli-ten*)
    - Ziel: In erster und zweiter Silbe ein Konsonantengraphem (*Schli-tten*)
  - Silbengelenke
- Auftreten meist bei Aufeinandertreffen von zwei silbischen Vokalen
- Ausnahme 1: Erstes Vokal als Mehrgraph realisiert (*Meer*)
- Ausnahme 2: Nach Diphtongen, bei dem der zweite Vokal nicht silbisch ist (*freuen*)
- Silbentrennung an Morphemgrenzen
- Funktion: Nicht Anzeigen der Vokalkürze, sondern Markierung von Silbengelenken
- Determination der Lage der Silbengrenze nicht phonologisch (*Be-cher*) sondern morphologisch (*wirk-lich*) (*1)
- Ziel: Erleichterung der Informationsentnahme beim Lesen (Erkennung z.B. von Basismorphem und Wortbildungsmorphem)

Phonetisches / phonologisches Prinzip
- Ein Phonem entspricht ein Graphem
- Ein Graphem entspricht einem Phonem
- Nur teilweise Wirken im Deutschen
- Abschwächung des Prinzips durch die GPK-Regeln (Ein Graphem entspricht mehreren Phonemen), aber trotzdem Zugehörigkeit zu diesem Prinzip

Morphologisches Prinzip / Prinzip der Morphemkonstanz / Prinzip der Schemakonstanz
- Starke Abweichung vom phonetischen Prinzip
- Wirkung 1: Gleichschreibung von Wörtern verschiedener Wortformen = Versuch des graphischen Erhalts eines Morphems (*Wald - Wälder, Baum - Bäume*)
- Wirkung 2: Beibehaltung der Verdoppelung von Vokalgraphemen (*leer-leeren, Moos - Moose - bemoost*), aber Verschwinden bei Umlauten (*Boot-Bötchen* ; vgl. ästhetisches Prinzip)
- Wirkung 3: Beibehaltung des Dehnungs h (*Jahr-Jahre-jährlich-verjährt*)
- Wirkung 4: Beibehaltung des silbeninitialen h, wenn in den Flexionsformen der Wortstamm erhalten bleibt (*sehen - seht - siehst - sah*)
- Wirkung 5: Beibehaltung des Silbengelenks, wenn in den Flexionsformen der Stamm erhalten bleibt (*Gang - gingst - vergänglich, stimmt-stimmlich*)
- Wirkung 6: Keine graphische Realisierung der Auslautverhärtung
- Wirkung 7: Keine graphische Realisierung der Spirantisierung im Auslaut
- Wirkung 8: Mögliche Verschmelzen ähnlicher oder gleicher Laute bei Aufeinandertreffen an Morphemgrenzen = Reduktion in der Aussprache, aber nicht im Geschriebenen (*annehmen*, anders: *verrohen*)

Ästhetisches Prinzip / Eugraphisches Prinzip
- Verbot der Doppelschreibung von <i>
  - (frühere Verwechslungsgefahr mit u und ü)
- Verbot der Doppelschreibung von Di-/Trigraphen
  - <ch>
  - <sch>
  - <ng>
  - <ß>
  - <w>
- Verbot der Doppelschreibung von Umlauten
- Verbot der Doppelschreibung von Geminaten bei Flexionsformen (*Knie-*Kniee*)
- Einfügung von Bindestrichen bei komplexen Komposita

Pragmatisches Prinzip
- Großschreibung von Höflichkeitspronomen
- Binnengroßschreibung

Quellen
http://www.uni-leipzig.de/~siebenh/Kurse/WS0910/v_sprachsystem04.pdf (18.02.2012)
http://www.germanistik.uni-wuerzburg.de/fileadmin/05010400/Studium/Seminar_1/Orthogprn.pdf (18.02.2012)
Grammatik-Duden. 7. Auflage. 2006.

*1: Die eigentliche Silbengrenze von *wirken* liegt hinter <r>: *wir-ken*. Durch Anhängen eines Wortbildungsmorphems verschiebt sich die Silbengrenze: *wirk-lich*.

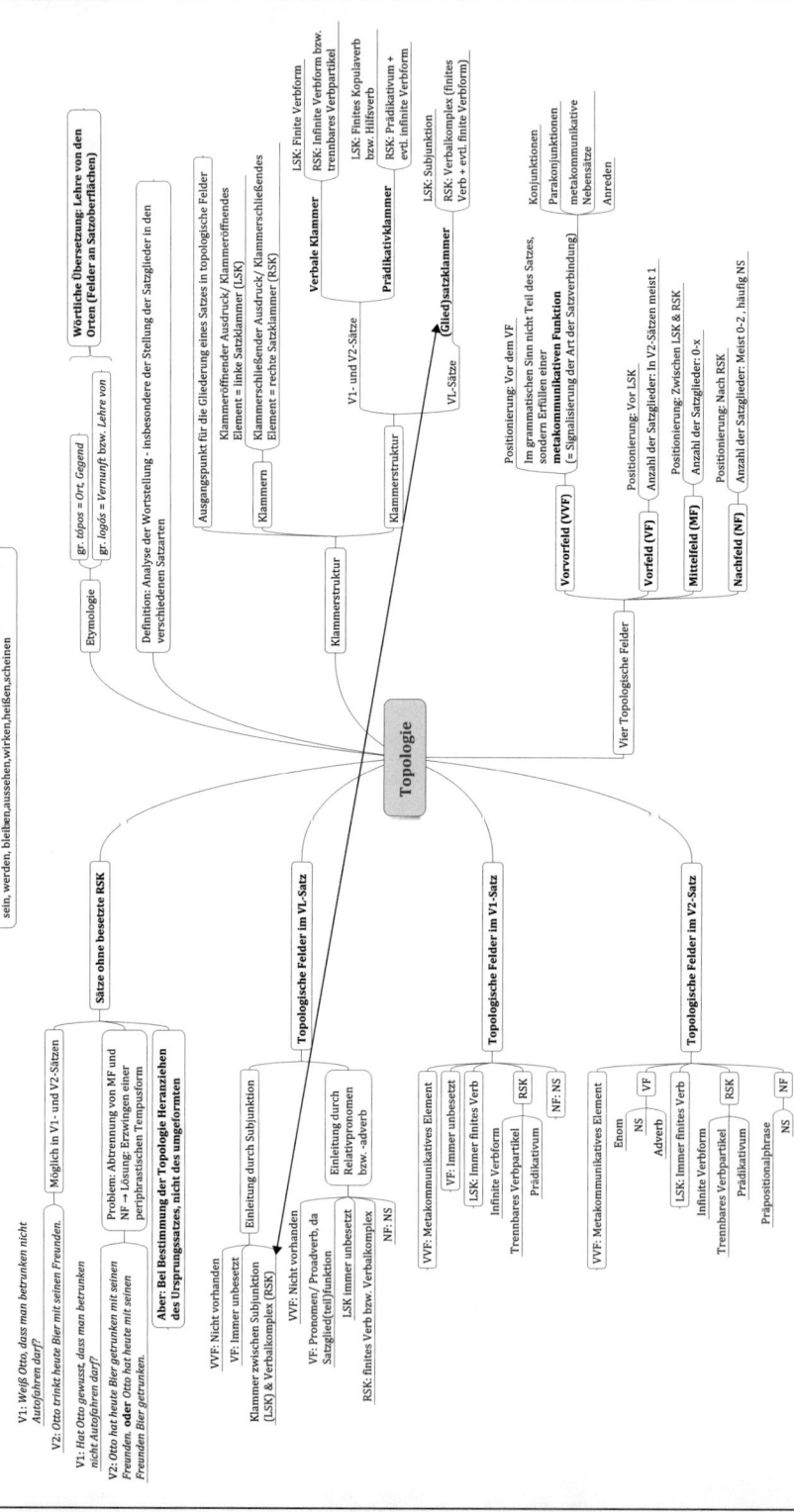

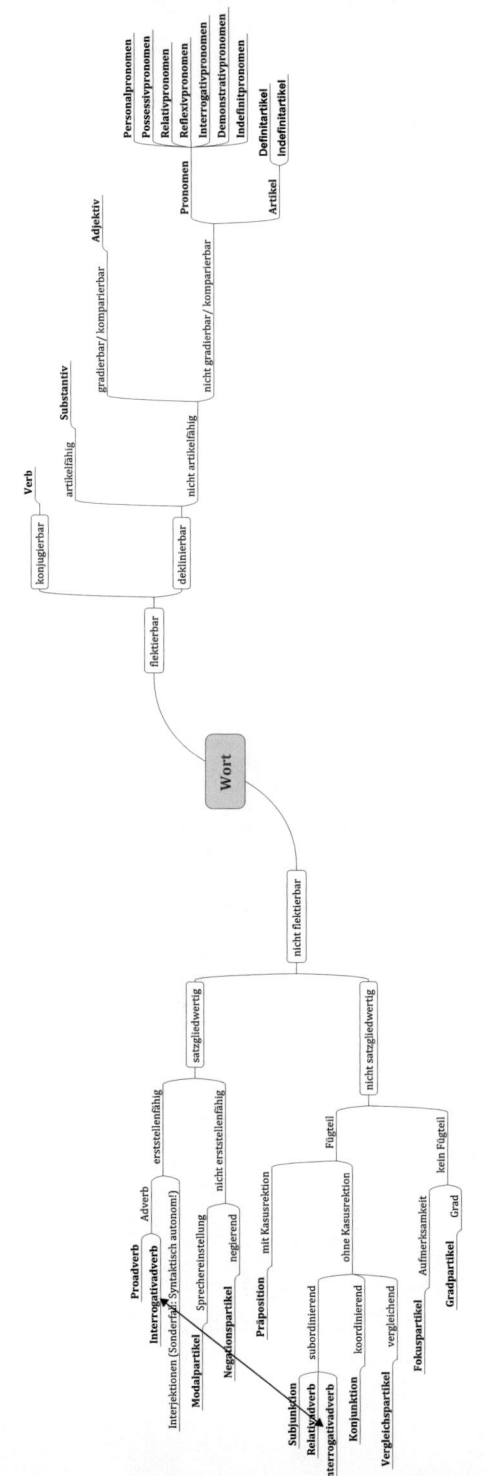

Wortarten.mmap - 05.02.2012 -

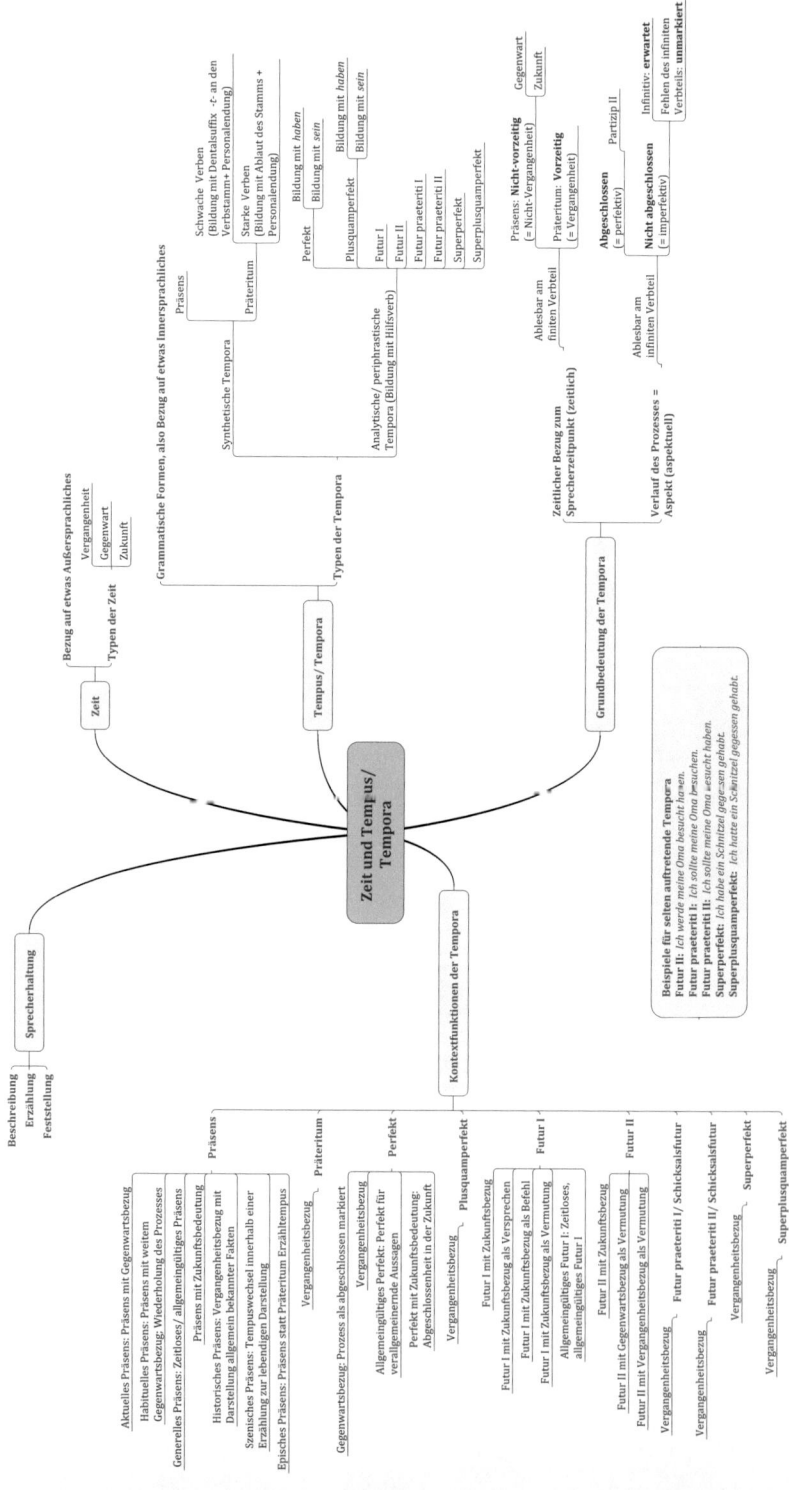